Im 27/7
40823

ALLOCUTION

PRONONCÉE EN L'ÉGLISE DE VILLERS-BRETONNEUX

LE 13 FÉVRIER 1892

PAR LE RÉVÉREND PÈRE ROGER

Missionnaire de Notre-Dame de la Délivrande

À L'OCCASION DU MARIAGE DE M. ADOLPHE SAMSON

ET DE Mlle HÉLÈNE DIEU

Au nom du Père et du Fils et du Saint-Esprit.
Ainsi soit-il.

Chers Époux,

'est la seconde fois, mon enfant, que je vous vois parée de blancs vêtements, la tête ornée d'une blanche couronne. Il y a neuf ans, vous reconnaissiez et acceptiez de mes mains, à la Table Sainte, un protecteur de votre âme, son Divin aliment, son Créateur et son Dieu. L'ange de la Providence, la religieuse écoutée, la parente chérie qui dans ces jours se dépensa sans mesure, avait parfaitement réussi dans ses pieux projets ! Avec quelles joies douces et profondes vous reçûtes votre Jésus, vous le savez ; et bien des cœurs ici, malgré de cruelles absences, se le rappellent avec bonheur.

Aujourd'hui, riche de vêtements semblables, le front ceint d'une couronne aux mêmes couleurs, encore au pied des autels, que demandez-vous ? Un protecteur visible, un aide qui soutienne votre faiblesse à travers les sentiers de cette vie, qui partage avec vous succès et joies, repos et fatigues, surtout les préoccupations, les tristesses, les douleurs, trop lourd fardeau pour vos seules épaules ; un aide qui soit le coopérateur de Dieu, participant de sa puissance créatrice afin de donner par vous et avec vous des enfants à l'Église de la terre et des élus à la Jérusalem céleste ; en un mot, c'est un époux chrétien que vous demandez.

Justes mais nombreuses exigences qui ne pouvaient être appréciées et acceptées que par la famille loyale et chrétienne vers laquelle Dieu a dirigé votre choix. J'ai bien dit : Dieu a dirigé votre choix. Si notre Dieu daigne s'occuper d'un cheveu de notre tête, comment se refuserait-Il, quand Il en est supplié, d'assortir l'union légitime et sainte de l'homme et de la femme, les plus nobles de ses créatures, ses enfants créés à son image ? C'était impossible à votre foi. Aussi, votre famille de la terre a prié, votre famille du ciel a prié, et il y a quelques semaines, une tante, chérie et vénérée à l'égal d'une mère, regardée par tous comme la sainte de la famille, voulait que sa dernière journée de souffrances fut une sublime et décisive prière qui assurât le bonheur de votre union. Nous le croyons : Dieu exauce de telles supplications. Et n'est-il pas vrai qu'hier une voix intime vous disait qu'il était bien l'époux choisi entre mille, celui qui, près de vous, à la Table Sainte, partageait la même nourriture divine ? Avec quelle confiance nous envisageons l'avenir, quand nous voyons de jeunes chrétiens ainsi préparés recevoir le sacrement auguste institué par l'Homme-Dieu pour sanctifier leur union ! Leur âme vivante, ouverte à la plénitude de grâces dont ce sacrement est l'unique source, s'éloigne de l'autel, remplie des lumières et des forces nécessaires pour la meilleure et la plus pure intelligence de leurs droits, pour le plus généreux, le plus parfait accomplissement de leurs devoirs.

Le sacrement de mariage ne soustrait pas aux luttes de la vie, ne préserve pas de ses déceptions, mais saintement reçu il vous armera pour la lutte, vous fortifiera contre la déception, il élèvera vos pensées et vous apprendra la grande science chrétienne de profiter des épreuves afin de conquérir le bonheur sans mélange. C'est à l'ombre du sacrement que Dieu opère, c'est là que, de sa main invisible et puissante, Il va faire le nœud du lien sacré de votre mariage et vous unir l'un à l'autre. En vain l'homme essaie de briser l'œuvre de Dieu ; la grâce aide à triompher de tous les obstacles à l'indissolubilité du lien conjugal.

Époux, vous êtes la tête du corps unique que vous formez à deux ; vous êtes la force, la raison, l'autorité ; vous serez aussi la générosité, la vigilance, la tendresse et votre tête s'inclinera toujours sur votre cœur avant de rendre ses arrêts. Voici que vous allez prononcer un premier arrêt, un arrêt de séparation, mais vous aurez à cœur de remplacer auprès de votre épouse le père si tendre et si bon qui ne savait d'autres joies que le sourire et les baisers caressants de sa fille, vous remplacerez la mère si constamment dévouée, qui toujours refusa de se séparer de ses enfants et qui plus d'une fois, hélas, cherchera de la voix, du regard et de la main, celle qui ne sera plus à ses côtés. Vous aurez à multiplier votre affection pour en nourrir ce jeune cœur qui en trouvait tant encore à la ferme (qu'on me permette ce mot bien compris), tant encore à cette demeure éprouvée, station intermédiaire et chérie entre le foyer paternel et la maison de la grand'mère et des tantes si prodigues de dévouement et d'amour.

Toutefois, je ne crains pas que de tels souvenirs paralysent l'activité de votre compagne. Dieu a donné à la femme une étonnante aptitude à saisir et embrasser les entreprises les plus diverses auxquelles l'homme dépense ses forces. Votre jeune épouse a eu journellement sous les yeux des exemples trop entraînants pour ne pas les suivre : elle imitera ces femmes fortes se courbant à tout travail, le sachant avec la perfection qui le rend facile et agréable. Et cette force ne diminuait rien de la tendresse de leur cœur, rien de la promptitude de leur dévouement, parce que ces qualités maîtresses étaient puisées à la source d'une religion éclairée et patiente, aussi large que bien fondée, capable de donner au cloître des religieuses modèles et des femmes supérieures au monde du négoce.

En parlant à votre époux, j'ai déjà dit quelques-unes de vos obligations : l'entourer de tendresse, le prévenir d'amour vous sera un devoir facile. Souvent encore les scrupules de la fiancée hanteront doucement l'esprit de l'heureuse épouse : « Est-ce que je l'aime autant qu'il me chérit ? » Que Dieu bénisse ce genre de scrupules, qu'Il les sème et les multiplie dans votre cœur. Ils germeront des trésors d'affection que vous distribuerez au sein de votre famille adoptive. Vous laissez ici une sœur, la moitié de votre vie : joies du cœur, plaisirs de l'esprit, douces émotions de la piété, jusqu'à ce jour, entre vous, tout fut commun. Là-bas vous trouverez deux nouvelles sœurs qui éprouveront vite le besoin que vous aviez de voir en elles la compagne aimée dont il faut vous éloigner. Vous ne tromperez pas l'attente du père et de la mère de votre époux. La Providence a travaillé en votre faveur et préparé votre entrée avec de délicates attentions.

Entre les deux familles les goûts sont pareils, pareilles aussi les vertus domestiques, et la similitude du nom des deux mères sera une douce illusion que réalisera promptement la similitude des cœurs. Vous ne l'ignorez pas, mon enfant, vous n'êtes pas réduite à vos seules forces pour remplir vos multiples obligations; la grâce divine vous est offerte et vous en connaissez les sources vives. Oui, vous pourrez alimenter et affermir la piété dans laquelle vous avez grandi et qui fut, aux regards de votre judicieux époux, votre plus bel ornement, l'attrait le plus puissant. Vous aurez donc la consolation plus encore que l'encouragement de son exemple : car chaque fois que Dieu le demandera, il remplira ses devoirs de chrétien avec la simplicité, la franchise et l'indépendance qui le caractérisent.

Chers Époux, il ne me reste plus qu'à bénir votre alliance. Que Dieu répande sur vos têtes ses bénédictions les plus abondantes, qu'Il fasse descendre sur vous tous les germes de la vie spirituelle et de la temporelle fécondité : car vous êtes de ceux qui veulent une postérité qui glorifie le nom du Seigneur.

Puisse le Ciel faire écho à la terre pendant que nous célébrerons l'auguste sacrifice et confondre dans une même clameur suppliante les prières des vivants et les intercessions des chers et inoubliés absents de l'au-delà. Et ici, qu'on me permette de payer un juste tribut d'estime, de reconnaissance et de vénération au saint et bien-aimé pasteur de cette paroisse encore trop tôt ravi à l'affection universelle. L'annonce de votre mariage fut une de ses dernières joies : il était légitimement fier des pieuses qualités qu'il constatait dans sa jeune paroissienne, il en demandera avec nous le surnaturel accroissement. Qu'il en soit béni !

Un dernier mot que vous me reprocheriez d'avoir passé sous silence. Que la divine mère de Dieu, la Vierge Immaculée, la bonne Notre-Dame de La Délivrande, de douce souvenance et d'inépuisable bonté soit constituée la trésorière de tous les dons célestes dont vous allez être comblés. Qu'elle vous les dispense avec une maternelle sollicitude. Puissiez-vous toujours marcher sous ses regards, la main dans la main, vous resteriez, ce que je vous souhaite de toute mon âme, des époux à jamais heureux de leur indissoluble union, à jamais dignes de la sainte amitié de Dieu et de son divin Fils, Notre Seigneur Jésus.

Ainsi soit-il.

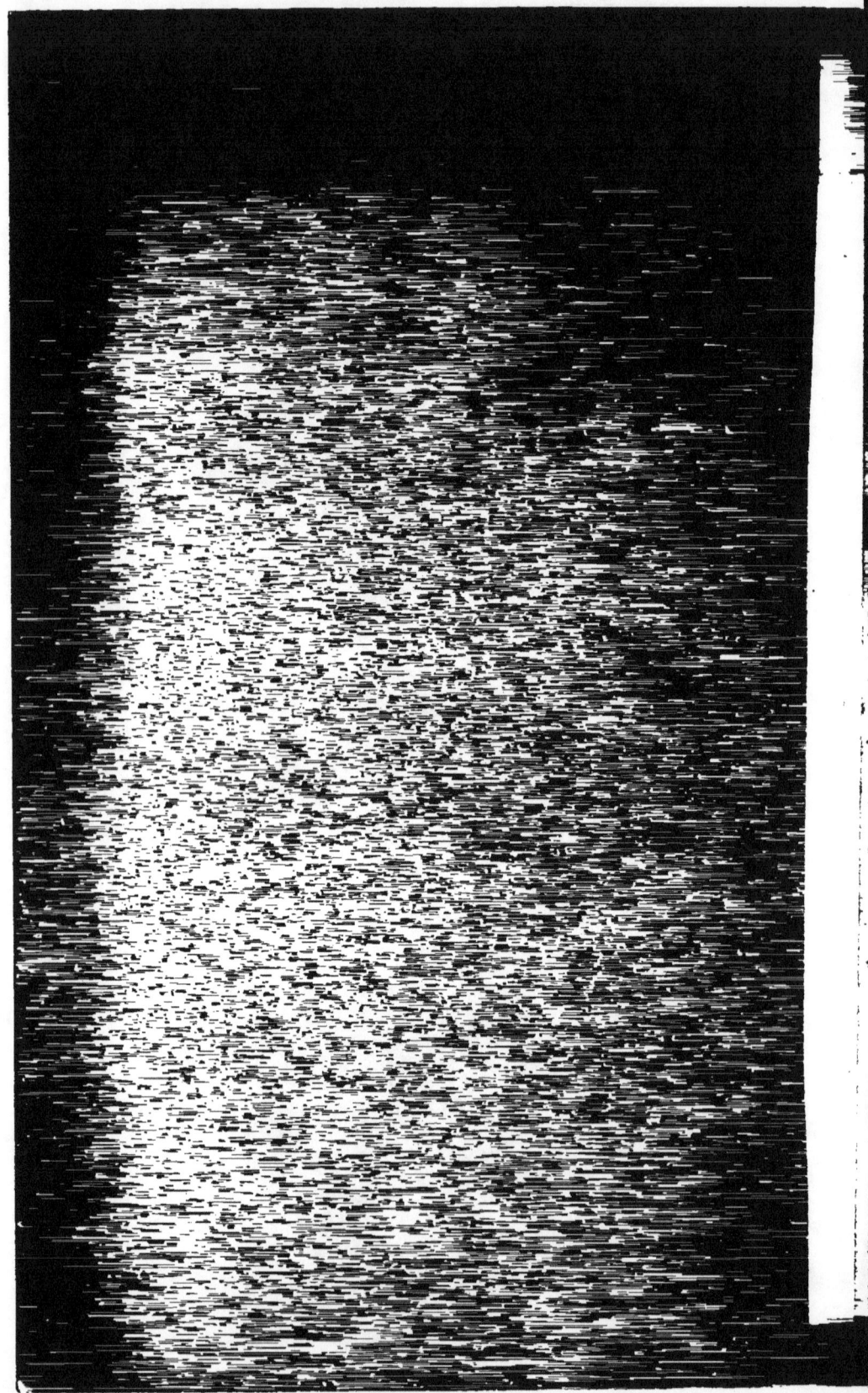

www.ingramcontent.com/pod-product-compliance
Lightning Source LLC
Chambersburg PA
CBHW060621050426
42451CB00012B/2359